UN PROCÈS

A CAYENNE

Les tribunaux de la Colonie ont été saisis, il y a quelques mois, d'une affaire d'un genre nouveau qui intéresse particulièrement les engagistes d'Indiens.

Il s'agit d'une action en dommages-intérêts qui a été intentée aux plus grands propriétaires sucriers de la Colonie par l'Administration locale, agissant au nom de sept immigrants indiens.

Il était arrivé coup sur coup de Calcutta trois convois de coolies qui avaient été recrutés dans des conditions déplorables et qui avaient naturellement donné des résultats désastreux. Les individus qui composaient ces convois n'avaient du travailleur que le nom. Ils portaient pour la plupart les germes des plus affreuses maladies ou les indices non équivoques de l'anémie et d'une débilitation complète ; ils offraient l'aspect de la plus profonde misère, et en général ils étaient impropres à l'usage auquel ils étaient destinés.

Aussi, en quelques mois ils avaient tellement encombré les hôpitaux de Cayenne, que bientôt il avait fallu affecter aux malades un établissement spécial et créer un service particulier pour leur prodiguer des soins.

La Colonie s'était émue d'une situation qui n'était pas

sans offrir quelque chose d'alarmant tant au point de vue des intérêts généraux que de l'avenir de l'immigration et du pays. Le pouvoir, dont la responsabilité était engagée dans une certaine mesure, au lieu de prendre le parti que commandaient la sagesse et la prudence, c'est-à-dire rechercher et étudier les causes d'un mal auquel la Guyane était certainement étrangère, et qui devait prendre sa source ailleurs, préféra, pour se tirer d'embarras et sauver les apparences, recourir, suivant son habitude, aux expédients. On eut l'air d'attribuer à la négligence des engagistes ce qui n'était en définitive que la conséquence naturelle et forcée d'un état de choses que l'Administration aurait dû prévenir en prenant des précautions pour qu'on n'introduisît pas dans la Colonie des individus qui, au lieu de lui rendre des services, devaient lui être à charge.

C'était d'ailleurs pour le gouverneur, qui a le talent — c'est le seul du reste qu'il possède — de tout exploiter à son profit, une bonne occasion de battre de la grosse caisse en simulant du zèle et des sentiments d'humanité.

Les poursuites dirigées contre les propriétaires de *la Marie* ne sont qu'un épisode des mesures qui ont été combinées, non pas, bien entendu, dans l'intérêt des malheureux qui ont servi de prétexte, mais en vue de produire de l'effet au dehors et de donner le change à l'opinion publique.

A la Guyane, où le pouvoir est non-seulement omnipotent, mais encore essentiellement autoritaire et despotique, il est difficile d'échapper à une condamnation lorsque l'Administration prend l'initiative des poursuites ; la pression qui s'exerce d'en haut et sur laquelle on compte, place le juge dans l'affreuse nécessité de choisir entre sa position et sa conscience, et l'on sait ce qu'il en advient. Cependant, nous nous plaisons à le proclamer bien haut, il se rencontre des magistrats assez soucieux de leurs devoirs pour les remplir sans faiblesse et même pour dire ses vérités à l'Administration. L'affaire qui nous occupe nous en fournit un remarquable exemple.

A la requête du Syndicat protecteur des immigrants, agissant au nom des sept coolies suivants :

1° Coopo, N° 6821 ;
2° Sookdaya, N° 5981 ;
3° Avyramy, N° 6753 ;
4° Boodney, N° 5508 ;
5° Ramassamy, N° 6772 ;
6° Amourdon, N° 6755 ;
7° Marapin, N° 6759 ;

les frères Vitalo, propriétaires de la principale sucrerie de la Guyane, avaient été cités devant le tribunal de première instance de Cayenne, à l'effet de s'entendre condamner à payer la somme principale de soixante-dix mille six cent trois francs se décomposant comme suit : 1° dix mille francs à titre de dommages-intérêts pour chacun des immigrants dénommés plus haut, soit pour les sept, soixante-dix mille francs ; 2° six cents francs pour frais d'inspection et visites de médecins.

Les motifs de la demande étaient basés sur ce que les sept coolies dont il est question seraient tombés malades pendant leur engagement, que les frères Vitalo auraient négligé de leur fournir les soins médicaux auxquels ils avaient droit, et que ces immigrants ont dû subir des opérations qui les rendent désormais incapables de se livrer aux travaux les plus légers.

Le juge chargé de statuer sur cette demande, a rendu le jugement suivant, véritable monument de travail, d'études, de recherches en même temps que d'indépendance :

LE TRIBUNAL

Ouï à l'audience du 21 mars en leurs conclusions et plaidoiries M° Pani, avoué des demandeurs, et M° Poupou, avoué des défendeurs ; le ministère public entendu :

« Attendu qu'Auguste et Elie Vitalo, propriétaires sucriers du domaine *la Marie*, sis au quartier de l'île de Cayenne, sur la rive gauche du canal Torcy, sont actionnés en payement de la somme de 70,603 francs à titre de dommages-intérêts pour avoir, dans le courant de l'année 1875, à partir du 31 mars, date de l'adjudication immobilière tranchée à leur profit, volontairement privé de soins médicaux sept des engagés indiens de leur habitation dont les noms suivent ;

» Que la poursuite est régulièrement exercée en leur nom par le Syndicat protecteur de l'immigration, mandataire légal des gens de travail, et ce, en conformité d'une décision prise d'urgence le 11 février dernier et basée sur ce que les conditions légales de salubrité et d'hygiène et celles sous lesquelles l'engagement a été contracté ne sont pas observées à l'égard des travailleurs par leurs engagistes ;

» Que ces expressions reproduites de l'art. 48 de l'arrêté du 28 décembre 1860 précisent les points sur lesquels doit porter l'examen du juge et comprennent notamment :

» 1º le logement ; 2ª la nourriture ; 3º les soins médicaux qui devront être fournis en nature par l'engagiste, d'après les stipulations insérées dans les contrats d'engagement ;

» Que c'est à ces divers points de vue qu'il faut se placer tour à tour pour apprécier le degré de gravité des griefs formulés contre VITALO frères et résoudre les questions à juger.

» En ce qui touche le logement et la nourriture :

» Attendu que la première impression qui se dégage de la lecture d'un rapport du 11 décembre 1875 adressé au directeur de l'intérieur par le Syndic des immigrants, est une sorte de vague et d'indécision provoquée par la contradiction qui règne entre les parties initiale et finale de ce document important ;

» Qu'en effet, chargé de visiter officiellement l'habitation *la Marie* et de rendre compte du résultat de ses investigations, le syndic constate tout d'abord la triste situation dans laquelle se trouvent les immigrants engagés avec les frères VITALO, ce qui, à son point de vue, dénote un défaut de soins ainsi qu'une mauvaise administration ; que pourtant il termine ainsi son compte rendu :

« Je dois faire ressortir que j'ai visité et examiné d'une ma
» nière complète la situation des immigrants présents ; pas une
» seule case des travailleurs n'a été oubliée, toutes ont été
» l'objet d'une minutieuse inspection de ma part, et je dois le
» reconnaître, les immigrants sont convenablement logés et
» tiennent d'une manière satisfaisante leur maison. Je constate
» en même temps que plusieurs d'entre eux avaient des vivres
» en réserve. »

» Qu'en présence de ces deux articulations diamétralement opposées en fait l'équité, d'accord avec le raisonnement, commande au juge de s'en tenir à la seconde, avec d'autant plus de motifs que cette opinion résulte de l'esprit conciliant et modéré dans lequel est conçu ce Rapport du 26 octobre 1875, adressé au Directeur de l'intérieur par le Commissaire de l'immigration ; que toutefois dans ce dernier Rapport se trouve répétée mal à propos la même contrariété d'avis, puisqu'on y lit, à deux passages différents : la situation est restée telle qu'elle a été établie dans le Rapport de M. Caillard ;

» Mais attendu que toute incohérence se dissipe quand, pénétrant dans le cœur même de la question, on cherche à scruter le mobile qui aurait pu déterminer VITALO frères, nécessiteux la veille, enrichis le lendemain par un coup heureux du sort, à violer, sans nul bénéfice pour eux, les clauses d'un contrat synallagmatique qui les lie à leurs engagés et ceux-ci à leurs engagistes ; que l'intérêt, dit-on communément, est la mesure des actions ;

» Que des raisons de parcimonie, de négligence dolosive, d'impéritie désordonnée, d'indifférence cruelle sont avancées au soutien de la demande ; que cette préoccupation dominante des intérêts matériels chez les défendeurs fût-elle démontrée, les engagerait plutôt à traiter avec douceur, bienveillance et mansuétude des travailleurs, comme si aux yeux d'hommes rapaces ils ne représentaient pas un capital d'une valeur notable qui doit être administré sagement, conservé, ménagé, amélioré et soustrait à toute cause de dépréciation, en tête desquelles figurent la maladie;

» Qu'un certain nombre de malades, enlevés aux travaux quotidiens des champs ou à la sucrerie sont une source d'entraves pour la culture ou la manipulation, un accident sérieux dont le planteur ou le fabricant sucrier doit s'attacher à circonscrire les effets par la profusion immédiate de soins médicaux;

» Que cette perte de temps, qui se traduit par une perte d'argent, est tellement sensible qu'on a vu, rarement, il est vrai, des propriétaires endurcis forcer des engagés malades à se rendre au travail, auquel cas commencent les traitements abusifs, ce qui n'est point du tout à la charge de VITALO frères;

» Attendu que s'il est incontestable que la pensée du gouvernement de la métropole, dont le libéralisme et la sollicitude se reflètent dans tous les actes relatifs à la question vitale de l'immigration aux Colonies, a toujours été d'entourer l'immigrant de la plus grande somme de bien-être possible, il ne faut pas, en prenant cette idée juste comme point de départ, tomber dans l'exagération et imposer des charges trop onéreuses aux colons;

» Que tout voyageur qui a parcouru une aldée indienne où se recrutent les coolies, a pu constater l'aspect de misère et de délabrement que présentent leurs paillettes, construites en boue, situées en contre-bas du sol, couvertes de feuilles de palmier où vit en communauté toute la famille entassée dans un espace exigu où se fait la cuisson des aliments;

» Que tout observateur impartial sait que l'Hindou qui s'expatrie à destination des trois grandes colonies françaises, les Antilles et la Réunion, ou pour se rendre à la Guyane, y trouve incomparablement plus de confort et d'aisance, et s'il est sobre, économe et laborieux, il peut plus facilement amasser un pécule que dans l'Inde où son état de dénûment ne lui permet la plupart du temps de se nourrir que de menus grains en guise de riz dont le bas prix est inaccessible à sa bourse;

» Que cette rapide esquisse de la situation comparée des coolies dans l'Inde et hors l'Inde tourne à l'avantage des colonies françaises et fait voir qu'il n'y a pas lieu de s'apitoyer outre mesure sur le sort des Indiens quand ils sont traités comme il faut.

» Que sans nul doute, s'il se commet contre eux des abus ou des sévices, surtout sur les placers reculés de la Guyane, c'est à l'action publique d'intervenir incessamment, énergiquement, promptement; c'est aux tribunaux de frapper sévèrement les engagistes qui méconnaîtraient des obligations sacrées; mais qu'il ne faudrait pas, alors qu'il s'agit d'immigrants attachés à une exploitation agricole et sucrière, dont les travaux sont beaucoup moins pénibles et rebutants que ceux de l'industrie aurifère, élever à la hauteur d'un fait délictueux, dommageable tout au moins, l'oubli de délivrer des moustiquaires ou des paillasses à des engagés;

» Que les Indiens, tant hommes que femmes, dorment dans l'Inde, en s'enveloppant le corps et la tête dans un large morceau de toile et s'allongent sur une natte simplement étendue par terre, de préférence à tout autre mode de couchage;

» Attendu que le Rapport du Commissaire de l'immigration énonce que sur la propriété *la Marie* il y a absence d'insectes pendant une partie de l'année, ce qui est déjà une atténuation; que néanmoins le Syndic a bien fait d'obéir à la lettre du règlement en exigeant que des paillasses fussent substituées aux couvertures de laine dans lesquelles il a vu des malades couchés et que des moustiquaires fussent délivrées indistinctement aux engagés de l'habitation;

» Attendu qu'il est aussi dans les habitudes invétérées de l'Hindou, tant est invincible la répugnance qu'il éprouve pour le séjour à l'hôpital, surtout quand il est de haute caste, témoins Romassamy et Maroupin qui appartiennent à la caste Vellaya, de s'exposer volontiers, quoiqu'il soit malade, à toute l'ardeur d'un ciel torride qui lui rappelle la température de feu sous laquelle il a vécu dans sa patrie, qu'il n'y a dès lors rien d'étonnant à ce qu'on ait rencontré des malades partout couchés, soit sur les ponts qui traversent les fossés, soit près des maisons, en plein soleil. Ce qui laisse tout d'abord supposer que leur état de souffrance n'était pas arrivé à un degré si alarmant qu'il pût les empêcher de marcher;

» Attendu qu'en principe il faut accepter avec la plus grande réserve le témoignage des Indiens et n'accorder qu'une confiance limitée à la plainte qu'ils ont adressée au syndic d'être privés de leur ration réglementaire quand ils ne travaillent pas jusqu'à 2 heures de l'après-midi, ou quand ils sont malades;

» Que ce fait, nié par Vitalo frères, ne se présente pas avec un caractère de certitude tellement prononcé qu'il puisse être retenu à la charge des défendeurs; qu'il aurait fallu, dans tous les cas, que l'atelier entier eût fait entendre cette plainte, tandis que, n'émanant que de la moitié environ des travailleurs, il se pourrait qu'elle eût été portée à la légère, peut-être même conseillée par cet esprit de rancune et d'intrigue inhérent au caractère fourbe et vindicatif des Hindous;

» Que les engagés de *la Marie* ne se contentent pas de réclamer, ce qui est leur droit assurément; mais qu'ils l'outrepassent quand, au nombre d'une trentaine, ils élèvent la prétention de déserter le travail dans l'après-midi du samedi, démonstrations accompagnées de violences qui ont valu deux heures de punition à deux des plus mutins, ainsi que l'atteste le rapport du syndic;

» Que du reste, aux termes de l'art. 20 de la convention internationale du 20 juillet 1861, les travailleurs indiens, sujets britanniques, jouissent de la faculté d'invoquer l'assistance de l'agent consulaire anglais de la colonie d'introduction; qu'il n'a pas été soutenu que Vitalo frères aient apporté quelque obstacle à ce que leurs engagés pussent se rendre à Cayenne chez l'agent consulaire et entrer en rapport avec lui;

» Qu'au surplus, aucune réclamation pour cause d'aliments ou

autre n'a été renouvelée quelques jours après la première
tournée devant le Commissaire qui constate que le magasin des
vivres est bien approvisionné, de même que le syndic avait
auparavant signalé que plusieurs des travailleurs avaient des
vivres en réserve ; que les logements étaient convenables au
point de vue de la distribution et de la salubrité;

» Qu'ainsi les prescriptions des art. 28 et 29 de l'arrêté local
du 28 décembre 1860 sont ponctuellement suivies par les frères
VITALO;

En ce qui touche le défaut de soins médicaux.

§ 1er

» Attendu que ce grief est, sans contredit, le plus grave de
ceux qui sont articulés contre les défendeurs, et forme, à proprement parler, la base du procès en responsabilité civile qui
leur est intenté pour inobservation des conditions du contrat
vis-à-vis leurs engagés; que des reproches sont formulés *a priori*
à la seule inspection des malades ou dans la correspondance
officielle, sans que les propriétaires aient été appelés à se dé-
fendre, et se résument dans les expressions suivantes, accu-
mulées à satiété : manque de secours et de soins — alimentation
complétement négligée — insouciance et incurie — négligence
coupable et impardonnable — oubli des devoirs de l'humanité
— mauvais traitements — administration vicieuse de la propriété!! — mais qu'il importe de réduire les faits à de plus
minces proportions; que les faits se chargent eux-mêmes de
répondre aux accusations de manquement au contrat, de dureté
excessive et répréhensible à l'égard des humains dont on a
charge;

» Attendu que dans la pratique judiciaire des colonies où
s'applique un code spécial du travail, le décret du 13 février 1852, ce qu'il faut avant tout considérer dans les rapports
du propriétaire avec ses travailleurs comme étant de nature à
engager la responsabilité de l'un au regard des autres, c'est la

résistance bien accentuée de l'employeur aux injonctions de l'autorité, chargée de remplir un rôle de tutelle et de patronage auprès des immigrants;

» Que le Syndicat, défenseur né des gens de travail, ne commence à sévir ou à agir judiciairement que lorsque l'engagiste se montre réfractaire à tout avertissement officieux et persiste à enfreindre le contrat d'engagement, qui est la loi des parties; que l'art. 48 de l'arrêté susvisé s'inspire évidemment de cette pensée de conciliation, en disposant que la résiliation du contrat d'engagement ne pourra être prononcée par le tribunal civil que lorsqu'elle aura été précédée d'une notification adressée par la Commission de l'immigration à l'engagiste pour le mettre en demeure soit de remplir ses obligations avant l'expiration d'un délai déterminé, soit de céder son contrat;

» Attendu qu'il est indéniable que VITALO frères n'ont opposé aucune résistance aux ordres qui leur étaient imposés dans l'intérêt de leurs travailleurs; qu'invités par le Syndic à délivrer des moustiquaires aux nouveaux coolies, à agrandir l'infirmerie, à en éloigner la cuisine des malades, à garnir les lits de camp de pailasses, les frères VITALO reconnaissant que cet état de choses ne peut durer plus longtemps, et sur les observations qu'il a dû leur faire en pareille circonstance, ils lui ont promis de nouveau d'y remédier le plus tôt possible;

» Qu'on voit dans le 2e Rapport que l'infirmerie a été modifiée d'après les recommandations qui avaient été faites par le Syndic, c'est-à-dire que la partie réservée aux femmes a été séparée complétement de celle destinée aux hommes, et ces deux locaux ont été blanchis au lait de chaux;

» Que le Syndic conseille à VITALO frères de prendre un abonnement avec un médecin qui serait chargé de visiter une fois par semaine leur atelier, et, ajoutant que cette proposition est acceptée par eux, il écrit : « Ce serait une dépense qui leur » permettrait de donner des soins plus efficaces aux malades, » sur les lieux et leur éviterait par suite les frais d'hôpital

» qu'ils ont aujourd'hui à payer, et dès lors il y aurait com-
» pensation pour eux. »

» Ils partagent cet avis et doivent à leur arrivée à Cayenne,
s'entendre avec M. le Directeur sur ce sujet; que la même doci-
lité des défendeurs se remarque pour une recommandation de
même nature adressée par le Commissaire de l'immigration;
«en terminant, dit-il, je dois ajouter que M. ÉLIE VITALO,
présent à *la Marie* au moment de ma visite, m'a fait connaître
que d'accord avec les vues de l'Administration, il allait prendre
des dispositions pour assurer la visite périodique d'un
médecin sur la propriété, afin de diriger les soins à donner
aux malades par les infirmières. D'un autre, côté il m'a assuré
qu'il ne manquera pas de faire conduire immédiatement sur
Cayenne tous les malades dont l'état exigera la mesure. » (Rapport du 26 oct. *in fine.*)

» Attendu que la conclusion à tirer de ces faits préliminaires
est que les défendeurs n'accueillent certes point avec une ten-
dance d'hostilité systématique les mesures qui leur sont pres-
crites, les modifications qui leur sont suggérées par la direction de l'intérieur dans un but de prévoyance administrative à
l'égard des immigrants; que tout au contraire ils les adoptent
aveuglément, sans hésitation ni difficulté. Que jamais on n'a
vu chez un grand propriétaire former pareilles souplesse et
déférence dans ses rapports avec l'autorité;

» Que l'on peut dire dès à présent que le vice de la situation
reprochée à VITALO se rattache uniquement à deux causes : en
premier lieu, à la rareté des tournées d'inspection des agents
de l'immigration ou du syndic du quartier sur l'habitation; en
deuxième lieu, à l'absence d'un abonnement obligatoire avec
un médecin.

» Attendu, en effet, que l'arrêté du 28 décembre 1860, calqué
sur l'arrêté en vigueur dans les trois grandes colonies, porte
dans son article 31, 1er alinéa: «toute habitation, toute exploita-
» tion ayant 20 immigrants au moins doit être pourvue d'une
» infirmerie convenablement installée et approvisionnée. »

Mais a supprimé les mots suivants : « et justifier d'un abonne-
« ment avec un médecin » qui terminent l'art. 30 de l'arrêté
du 30 août 1860 sur le régime de la protection des immigrants
à la Réunion.

» Qu'il y a d'autant plus nécessité de combler cette lacune
dans le texte que c'est un homme du métier seul qui peut
donner des soins éclairés aux malades d'un vaste établissement de sucrerie où sont agglomérés 250 travailleurs, diriger
les infirmières, veiller à l'observation des règles d'hygiène,
s'assurer par des visites périodiques et individuelles de l'état
sanitaire de l'atelier, discerner enfin si le malade peut être
traité sans inconvénient à l'infirmerie, ou s'il ne doit pas, au
contraire, être dirigé sur un des hospices de Cayenne;

» Attendu qu'en l'état de la législation locale sur l'immigration une mission aussi lourde et aussi délicate, qui exige
des connaissances médicales approfondies, ne peut qu'être im-
parfaitement remplie par des infirmières sous la direction du
régisseur ou celle même des propriétaires quand ils se trouvent
accidentellement sur l'habitation sucrière; qu'en agissant de
la sorte ceux-ci usent d'un droit qui est écrit dans l'art. 31,
2° alinéa de l'arrêté du 28 décembre 1860 ainsi conçu : « en cas
d'indisposition légère les immigrants recevront les soins de
leurs engagistes; en cas de maladie grave ils seront dirigés sur
Cayenne pour y être placés et traités dans les hospices de la
Colonie; »

» Attendu, qu'à la faveur de cette alternative permise dont
Vitalo frères ont légalement profité, ayant recours au seul
diagnostic porté par un régisseur qui, dans l'intérêt de ses
patrons, devrait être peu soucieux de garder des individus
oisifs sur la propriété, rien n'autorise à croire que les défendeurs se soient crus affranchis de l'obligation de fournir des
soins médicaux à leurs engagés; qu'on ne trouve, sur ce point
essentiel, aucun élément de solution dans le 1ᵉʳ Rapport qui
déclare tantôt, que Vitalo frères donnent les soins médicaux
obligatoires, tantôt qu'ils n'en donnent pas; tantôt que les

infirmières montrent de la négligence dans leur service, tantôt qu'elles font preuve de bonne volonté.

« Que les passages où sont groupées ces antinomies doivent être transcrits littéralement : « Le jour de ma visite, j'ai trouvé sur cette habitation, malgré les treize immigrants envoyés par les soins des engagistes à l'hôpital dans les journées du 29 septembre et 1er octobre, dix-huit autres coolies à l'infirmerie, dont onze atteints de plaies, de maladie vénérienne, d'anémie profonde et de fièvres, ont été désignés pour être de nouveau expédiés à Cayenne pour y recevoir les soins nécessaires. Les sept moins malades peuvent, pour le moment, être soignés sur les lieux et ont été recommandés d'une manière toute particulère à MM. les engagistes et aux infirmières. Je dois dire que, quoique le coffre aux médicaments soit au complet, que le nombre d'infirmières soit suffisant, il n'en est pas moins vrai qu'il y a beaucoup de négligence de la part de ces messieurs et des infirmières qui ne donnent pas aux immigrants les soins que nécessitent leur état et le genre de maladie dont ils sont atteints. Je dirai même, continue le Syndic, que les deux femmes chargées de l'infirmerie, *malgré toute leur bonne volonté*, ne savent pas appliquer pour certaine maladie les médicaments voulus et ne sont certes pas aptes à faire un pansement et à traiter des maladies graves ; » — Que le 2e Rapport, après avoir relaté dès le début que la situation des immigrants, telle qu'elle a été constatée par M. Caillard, a généralement peu varié, se hâte de faire suivre cette phrase d'un correctif dans les termes ci-après : « Toutefois elle (la situation) s'est sensiblement améliorée au point de vue sanitaire par suite de l'envoi à l'hôpital de Cayenne des coolies qui étaient alors atteints de plaies graves. » Et le Rapport continue : « Douze malades seulement se trouvaient à l'infirmerie, le jour de ma visite, et n'avaient que de petites plaies ou des fièvres légères n'exigeant pas leur envoi au chef-lieu. Trois autres avaient des maladies vénériennes dont je n'ai pu constater la gravité ; néanmoins, en raison de la nature de la maladie qui pourrait être propagée facilement si les individus malades restaient sur l'habitation, j'ai dû recommander aux propriétaies de les envoyer à l'hôpital de Cayenne. »..... Un peu plus loin : « La pharmacie est bien approvisionnée. »

« Attendu que la conséquence découle de ces extraits qui quoiqu'un peu longs, devaient, pour la clarté de l'exposé, être reproduits *in extenso*, est, que VITALO frères n'avaient pas attendu la tournée du Syndic pour faire donner, en temps utile, des soins médicaux à leurs engagés, puisque, de leur propre initiative et sans injonction de personne ils en avaient dirigé à l'hôpital dix-sept au nombre desquels étaient trois femmes, *Sookdaya*, *Avyramy* et *Amourdon*, deux hommes, *Ramassamy* et *Maroupin*, aux dates des 29 septembre et 1er octobre 1875.

» Que bien plus, il conste de documents irrécusables que la femme *Boodney* était entrée à l'hôpital militaire dès le 20 juillet 1875 pour être traitée aux frais de ses engagistes.

» Qu'on lit dans les conclusions des défendeurs un passage d'une grande portée que, pour ce motif le tribunal s'approprie : « Que si le Syndic des immigrants, dans la visite du 11 octobre 1875, a trouvé 18 coolies à l'infirmerie à l'habitation, ce n'est point à dire pour cela que les propriétaires se refusaient à les diriger sur le chef-lieu ; que le contraire vient d'être démontré ; mais que bon nombre de ces dix-huit malades avaient été conduits à Cayenne pour entrer à l'hôpital du camp Saint-Denis et renvoyés par M. le Syndic Caillard parce qu'il n'y avait pas de place disponible dans les deux établissements hospitaliers, et que force donc a été de les faire retourner sur l'habitation de *la Marie*. Que cet argument acquiert une force d'autant plus probante qu'il concorde avec le langage tenu dans son Rapport par le Syndic des immigrants qui dit avoir, le jour de sa visite à l'établissement, désigné onze coolies atteints de plaies, de maladies vénériennes, d'anémie profonde et de fièvres, pour être de nouveau expédiés à Cayenne ;

» Que rien, ni dans les écritures de la partie adverse, ni dans les débats de l'audience, n'est venu démentir ce fait qui reste acquis au procès et à l'abri de toute controverse ;

» Qu'enfin, si l'on voulait découvrir une preuve plus décisive encore, de nature à renverser l'échafaudage de la demande, on la trouverait dans la production d'une double liasse de 87 quittances individuelles de l'agent comptable de l'hôpital militaire et de 18 récépissés du trésor délivrés à VITALO pour frais de traitement des engagés ; que l'addition faite par le juge, de ces reçus divers, donne une somme de 5,193 fr. 16 c. payée par les frères VITALO du mois de juin 1875 au mois de janvier 1876 pour soins médicaux de leurs travailleurs dans les hospices de la colonie. Qu'à ces frais de traitement hospitalier vient s'ajouter une autre somme de 760 fr. 60 c. montant de deux factures des pharmaciens Dutrey et Roumendas, du 13 avril 1875 au 13 novembre même année, ce qui donne un total général de 5,953 fr. 76 c., déboursés dans une période de dix mois tant pour soins médicaux proprement dits que pour acquisition de produits pharmaceutiques.

§ 2

» Attendu que la description technique des lésions intéressant les membres inférieurs du corps chez les cinq femmes et les deux travailleurs pour lesquels des dommages-intérêts sont réclamés, provoque une impression douloureuse et qu'on ne peut que plaindre les malheureux qui ont dû subir des opérations chirurgicales rendues nécessaires par l'aspect gangréné de leurs plaies et ulcères ; mais qu'il convient de placer en regard des trois rapports du médecin ceux du Syndic et du Commissaire de l'immigration qui se complètent et s'éclairent tous l'un par l'autre ;

» Que les deux derniers documents parlent catégoriquement de maladies vénériennes ;

» Que dès lors, on est en droit de se demander si les désordres constatés chez les sujets amputés ou opérés ne seraient pas des localisations ou des épisodes d'une maladie générale et constitutionnelle, de la diathèse syphilitique, qui est dans le tout avant d'être dans la partie, qui révolutionne l'organisme avant de se révéler dans un organe, dans une région du corps ou sur un membre;

» Qu'il suffit, pour s'en convaincre, de consulter les rapports médicaux dressés à l'arrivée de chaque convoi d'immigrants et qui révèlent l'existence, au moment du débarquement, de plus d'une maladie honteuse qui se propagera plus tard à terre par la contagion, qui trouvera un aliment dans la faiblesse de complexion native et le tempérament amolli des Indiens, des Bengalis surtout, qui s'aggravera enfin par la négligence de tous soins fréquents de propreté auxquels l'Indien s'assujettit à contre cœur. »

A. — Rapport du 28 mars 1874 — Convoi du *Kospatrick* expédié de Calcutta — *Boodney* en fait partie. — A été envoyé à l'hôpital un homme atteint d'accidents tertiaires en traitement depuis longtemps.

B — Rapport du 5 avril 1874. — Convoi du *Colombo,* venant de Calcutta. — *Sookdaya* en fait partie. — Ont été envoyés à l'hôpital sept hommes atteints d'affections cutanées syphilitiques.

C. — Rapport du 2 mai 1875. — Convoi de la *Marie-Laure* — provenant de la côte Coromandel — en font partie *Ramassamy, Maroupin,* les femmes *Avyramy,* et *Amourdou* — ont dû être évacuées 1° sur l'hôpital militaire deux femmes accompagnées d'enfants en bas âge et atteintes d'affections syphilitiques; 2° sur l'hospice du camp Saint-Denis, quatre hommes pour gale, plus deux femmes, l'une pour gale, l'autre signalée comme suspecte et ayant besoin d'être complétement examinée avant d'être livrée à l'engagiste.

«Attendu qu'il y a de fortes présomptions de croire qu'une des deux femmes dont il est question dans le dernier rapport, entrée à l'hôpital avec un enfant en bas âge dès son arrivée dans la Colonie, est la même que celle dont le contrôle d'enga-

gement a été transféré à VITALO le 19 juin 1875, la nommée
Avyramy;

» Que cette femme, quelques mois seulement plus tard, est
dirigée par son engagiste le 29 septembre 1875, sur l'hospice
du camp St-Denis, avec la même petite fille, morte depuis,
dont l'aspect lamentable est ainsi décrit par le médecin :
«cette pauvre petite créature, grêle, amaigrie, est couverte
de croûtes et de pustules d'impétigo (vulgairement dartre);

» Que si cette frêle enfant vient au monde affligée d'un germe
de mort qu'elle suce avec le lait et qui la fera fatalement suc-
comber dans un délai très-court, peut-on équitablement dire
que ce décès eût été évité si VITALO frères avaient fourni les
soins nécessaires? Ne faut-il pas, avec plus de vraisemblance,
en faire peser la responsabilité sur la mère, dont le sang est
vicié, comme le mentionne suffisamment sa feuille de clinique;

» Attendu que la lecture des nombreuses constatations médicales du dossier permet de saisir la marche insidieuse du
mal ci-dessus désigné, qui occasionne un si grand trouble
dans l'économie humaine;

» Que les maladies impétigineuses généralisées qui l'ont
ébranlée et altérée jusque dans les sources vitales chez la
plupart des engagés, et contre lesquelles paraissent avoir
échoué les traitements employés, ne sont que la conséquence
de l'invasion du virus, car elles se traduisent extérieurement
par des pustules putrides, des érosions profondes du derme
et des ulcères rongeants qui n'ont aucun lien d'affinité et ne
doivent pas être confondues avec la dartre bénigne.

» Presque tous ces infortunés amaigris, anémiés, diarrhéiques
étaient couverts d'eczémas chroniques, de pustules d'impétigo
exulcérées, recouvrant de la tête aux pieds quelques-uns
d'entre eux.» — (*Rapport du Docteur*, 24 novembre 1875).

Voir en outre les feuillets concernant :

1° Bukook, n° 5998;
2° Ramassamy, n° 6839;

3° Annamal, enfant du sexe féminin accompagnant sa mère Avyramy, déjà nommée;

4° Anmoo, femme, n° 6610;

5° Amno, femme, n° 6410;

6° Dhorrosie, n° 6074;

Tous engagés de Vitalo dirigés le 29 septembre 1875 tant sur l'hôpital que sur le camp St-Denis;

7° Gooroodapsider, n° 5683, entré au camp St-Denis le 17 février 1875, un mois et demi par conséquent avant l'acquisition faite de *la Marie* par Vitalo frères;

« Attendu qu'à la suite de ces indices, faits, déductions et rapprochements, ce n'est pas seulement un sentiment de commisération qu'il faut faire taire, c'est un stigmate qu'il faut imprimer au vice; que les funestes conséquences d'une vie de débauche et de déréglements ont été prévues par la Convention internationale dont l'article 8 refuse l'assistance médicale gratuite à l'immigrant quand la maladie est le résultat de son inconduite;

» Qu'en dehors de cette considération et comme pour la confirmer il en existe une autre tout aussi instructive, qui prouve que le sexe faible, naturellement plus débilité, fournit aux maladies de toutes sortes un contingent plus élevé que le sexe masculin; c'est que parmi les sept engagés au nom desquels agit le Syndicat protecteur, il y a cinq femmes dont deux ont été recrutées dans la présidence du Bengale;

» Qu'il est de notoriété que les convois d'Indiens de Calcutta sont composés, en majeure partie, d'immigrants rachitiques, étiolés, anémiés, hors de service avant de pouvoir servir, et chez lesquels l'engagiste, porté tant par humanité que par intérêt à les bien soigner, est impuissant à retenir un souffle de vie qui s'échappe. »

En résumé :

« 1° Attendu que, de tout ce que dessus il ressort avec évidence que les frères Vitalo ont fourni à leurs engagés les soins

médicaux auxquels ceux-ci avaient droit, soit en les envoyant
à l'hôpital de leur propre initiative, ou sur les recommandations d'un agent de l'immigration, soit en les faisant traiter
dans l'infirmerie de leur établissement sucrier, soit en leur
prodiguant des drogues et médicaments dont les coffres étaient
abondamment pourvus ;

» 2° Attendu que les soins médicaux ont été donnés dans la
mesure du possible par les infirmières indigènes de l'habitation,
fort au courant des propriétés des simples et à demi empiri-
ques, placées sous la surveillance et la direction du régisseur;

» Qu'il n'y a pas de motifs d'imputer à tort aux propriétaires
de n'avoir point été secondés par un médecin qui serait abonné
annuellement avec eux, la législation locale étant muette sur
ce point, contrairement à ce qui se pratique à l'île de la Réunion ; — que le personnel dont ils disposent sur leur propriété,
n'a pas, selon toute apparence, l'expérience voulue pour dis-
tinguer sûrement la gravité des plaies qu'il pouvait d'autant
mieux croire passagères qu'elles n'empêchaient ni hommes ni
femmes de marcher ni de venir au coup de cloche à la distribution des aliments ;

» Que la logique se refuse à admettre que les défendeurs,
cédant aux calculs d'une avarice inexplicable et sordide aient
eu le dessein bien arrêté de se montrer sans entrailles à la vue
de l'humanité souffrante, à proximité des hôpitaux de Cayenne;

» 3° Attendu que les visites ordonnées par l'Administration
de la Colonie ont constaté que les cases des engagés étaient
tenues dans un état satisfaisant, que la pharmacie et le magasin de vivres étaient bien approvisionnés ; — que l'infirmerie,
blanchie au lait de chaux, comporte un local spécialement af-
fecté aux femmes ; — qu'en un mot l'Administration, fidèle à
son rôle tutélaire, n'a nullement eu besoin d'épuiser tous les
moyens de persuasion et qu'elle était obéie sur l'heure, dès
qu'elle suggérait aux engagistes un changement d'installation,
ou une mesure d'hygiène en vue de l'amélioration de la condition matérielle des engagés ; — que quant aux soins hygiéniques

corporels qui regardent exclusivement chaque individu, on ne saurait imposer aux propriétaires d'une habitation rurale sur laquelle est employé un atelier considérable, l'obligation de veiller à leur stricte exécution, ce qui pourrait dégénérer en abus ou en vexations, que c'est à la répulsion bien connue des Indiens pour ces soins réitérés de toilette et de propreté, à leur constitution généralement malsaine, à leur prédisposition morbide pour les affections cutanées et autres identiques qu'il faut, sans conteste, attribuer l'origine, les ravages et les progrès de la décomposition du sang dans les maladies infectieuses observées sur un certain nombre d'engagés, sur les femmes principalement;

» Que ces causes multiples expliquent l'étonnement manifesté dans le Rapport médical du 24 novembre 1875 qui déclare que le nombre des femmes envoyées dans les hôpitaux est élevé et égale les deux tiers de celui des hommes, alors qu'il est bien reconnu que les travaux auxquels elles sont astreintes sont nuls ou à peu près;

» 4° Attendu que Vitalo frères ne se sont rendus acquéreurs de la sucrerie *la Marie* qu'à la date récente du 31 mars 1875; qu'il est établi par le registre de pointe visé mensuellement par la gendarmerie et mis sous les yeux du juge, que la femme Coopoo, la seule à laquelle ait été faite l'amputation d'une jambe, était malade longtemps avant l'acquisition des défendeurs; que l'affection dont elle a été malheureusement atteinte remonte donc à une époque où Vitalo frères ne pouvaient faire administrer des soins à cette femme si tristement éprouvée depuis;

» 5° Attendu que s'il était vrai qu'un sentiment blâmable de basse cupidité eût inspiré les agissements de Vitalo frères, et les eût sollicités, en dépit de tout, à refuser à leurs engagés les soins et médicaments prescrits, il serait inconcevable que le même instinct de lésinerie ne dictât pas leur conduite en ce qui touche d'autres obligations définies par le régime du travail dans les colonies; que tout s'enchaînant dans l'ordre moral, le même mobile d'égoïsme étroit se fût laissé apercevoir sur d'autres points;

» Que bien loin qu'il en soit ainsi, le Commissaire de l'immigration expose dans son Rapport que les salaires sont, comme par le passé, payés régulièrement, les vêtements réglementaires délivrés en leur temps;

» Attendu qu'en dernière analyse et finalement il n'y a pas plus de manquement à l'article 30 de l'arrêté local du 28 décembre 1860 qu'il n'y a d'infraction commise par les engagistes ;

» 1° Aux articles 28, 29 et 31 du même arrêté ;

» 2° Aux conditions générales stipulées dans les contrats d'engagement passés aux ports d'embarquement de l'Inde (Pondichéry, Karikal et Calcutta) avec l'Administration de la colonie de la Guyane française ;

» 3° Aux prescriptions souveraines de la Convention Internationale signée à Paris le 1er juillet 1861 par les plénipotentiaires de la France et de la Grande-Bretagne ;

» D'où la conséquence, en ce qui concerne les engagistes, que s'étant acquittés de leurs obligations, ils doivent être exonérés de toute responsabilité pécuniaire ;

» Sur la somme de 603 fr. reclamée accessoirement aux 70,000 fr. de dommages-intérêts ;

» Attendu qu'aux termes de la délibération du Syndicat protecteur des immigrants, ces frais sont représentés comme suit :

» 1° Frais de deux inspections faites par les soins du Syndic et du Commissaire de l'immigration, accompagnés de l'interprète, (otobre 1875) soit............................... 351 fr.

» 2° Frais de visite de médecin, 42 coolis à 6 fr. soit   252

» Total...... 603 fr.

» Attendu qu'il n'y a d'utilité à statuer sur cette question accessoire que pour faire remarquer, en ce qui touche les frais d'inspection, qu'ils doivent toujours rester à la charge du service local (article 45, § 2 de l'arrêté du 28 décembre 1860), puisque le mandat du Commissaire de l'immigration consiste, entre autres occupations, à faire des tournées sur les habitations et à veiller, dans un intérêt général, à ce que les règlements sur l'immigration reçoivent partout leur exécution ;

» Qu'il serait même à désirer que les tournées fussent fréquentes conformément au vœu exprimé par le Syndic à la fin de son compte rendu, et qu'il n'apparaît pas qu'il en ait été fait d'autres que celles du mois d'octobre, en l'absence de documents justifiant du contraire ;

» Que quant aux frais de vacation du médecin aux rapports qui a visité les engagés sur la réquisition du parquet, le trésor public doit les supporter intégralement sans répétition possible contre VITALO frères que le tribunal renvoie indemmes des fins de la poursuite civile intentée contre eux ;

» Statuant contradictoirement au civil et à charge d'appel, déclare le demandeur ès nom qu'il agit mal fondé dans sa demande, l'en déboute, met les frais à la charge du Syndicat protecteur des immigrants, agissant toujours en la même qualité. »

L'Administration battue sur son propre terrain et par ses propres armes, ne pouvait se reconnaître vaincue. L'échec avait été pour elle d'autant plus sensible que le jugement, loin de produire l'effet sur lequel elle avait compté pour se donner du relief, avait amené un résultat diamétralement opposé en lui infligeant indirectement un blâme. Aussi la décision du premier juge a-t-elle été déférée à la Cour qui, le 26 juillet 1876, a rendu l'arrêt dont la teneur suit :

LA COUR

Après en avoir délibéré :

« Attendu que l'appel du jugement du tribunal de première instance est régulier en la forme, le reçoit, et statuant au fond :

» Attendu que les règles qui régissent les rapports des engagistes et des immigrants ainsi que les obligations qui en dérivent, sont déterminés par le décret du 13 février 1852 et les arrêtés locaux ; que par suite, lorsqu'il résulte, comme dans l'espèce, un préjudice pour les immigrants de l'inexécution par les engagistes des contrats intervenus entre eux et les immigrants, contrats dont la portée et l'étendue sont prévues par la legislation en vigueur à laquelle ces contrats se réfèrent, il est certain que, soit que l'on s'étaye des articles 1146 et suivant du Code civil, ou des articles 1382 et 1383 du même Code, il est ouvert auxdits immigrants une action en dommages-intérêts ;

» Attendu, en fait, que le préjudice dont se plaint le Syndicat, au nom des parties qu'il représente, ne peut être contesté ; qu'il résulte en effet des pièces versées au procès et notamment, 1° des Rapports du Syndic des immigrants et du Commissaire de l'immigration, lesdits Rapports en date des 11 et 26 octobre 1875, que les immigrants attachés à l'habitation *la Marie* manquaient de soins médicaux ;

» Et 2° des Rapports du docteur Dupont en date des 1ᵉʳ, 11 octobre et 24 novembre 1875 que non-seulement ces immigrants n'étaient pas convenablement soignés, mais que, presque tous n'étaient envoyés à Cayenne que lorsqu'ils étaient dans un état désespéré ; que c'est ainsi que sur treize immigrants arrivés de l'habitation *la Marie* les 29 septembre et 1ᵉʳ octobre de la même année sept sont morts et que, quant aux six autres au nom desquels la présente instance est introduite, le septième étant décédé, et l'appelant abandonnant en ce qui le concerne toutes actions, 1° la nommée Coopoo a été amputée d'une jambe ; 2° la nommée Sookdaya a perdu pour le moins deux orteils du pied gauche et une partie des métatarsiens correspondants ; 3° la nommée Avyramy, atteinte de névrose de la deuxième phalange du gros orteil et d'un ulcère gangréné du pied, est menacée de la perte de l'intégrité des fonctions du pied tout entier ; 4° la nommée Boodney a perdu un orteil tout entier et devait subir l'amputation ou la désarticulation des deux autres orteils, ce qui produira la déformation du pied; 5° le nommé Maroupin, atteint d'ulcères gangrénés, devait subir la désarticulation du gros orteil; 6° le nommé Ramassamy a perdu la deuxième phalange du gros orteil et a dû subir la désarticulation métatarso-phalangineuse;

» Qu'il est donc évident que soit que l'on considère au point de vue de la responsabilité résultant des contrats d'engagement les faits imputés aux frères Vitalo, c'est-à-dire d'avoir, sur l'habitation *la Marie*, gardé les immigrants qu'ils auraient dû envoyer à Cayenne pour y être placés et traités dans les hôpitaux de la colonie, et de ne leur avoir pas donné les soins médicaux auxquels ils étaient tenus envers eux, obligations qui ne pouvaient être différées sous peine d'entraîner les résultats funestes qui ont été la conséquence tout au moins de leur négligence, les frères Vitalo sont tenus d'indemniser lesdits immigrants; que si au contraire on veut puiser dans les principes édictés par les articles 1382 et 1383 les éléments constitutifs de la responsabilité leur incombant, il suffit de se rapporter à l'article 31 de l'arrêté du 28 décembre 1866 pour se convaincre qu'il existe une obligation légale dont l'inexécution les a constitués en faute et dont ils doivent réparation;

» Que c'est en vain que les frères Vitalo s'abritent derrière un défaut de mise en demeure régulière; dans le premier cas la nature de l'obligation les y constituant de plein droit par le seul fait de l'impossibilité d'exécuter efficacement les engagements contractés dans un moment autre que celui qu'ils ont négligé; dans le deuxième cas, l'existence du texte de l'article 31 susrelaté les mettant en demeure indépendamment de toute interpellation;

» Qu'en admettant même que parmi les immigrants dont s'agit les uns se trouvassent déjà malades quand les frères Vitalo ont acquis l'habitation *la Marie* et les autres le fussent quand ils leur ont été concédés par l'Administration; cette circonstance ne pouvait les exonérer pour l'avenir des obligations qui dérivaient des contrats d'engagement; qu'enfin il n'y a pas lieu non plus de s'arrêter à l'argument tiré du renvoi par l'Administration d'un certain nombre d'immigrants faute de pouvoir les placer dans les hôpitaux, ce fait ne s'étant pas produit à l'occasion des immigrants au nom desquels l'action a été introduite ; que tous ont été reçus ;

» En ce qui concerne les questions des dommages-intérêts à allouer :

» Attendu que la Cour a des éléments suffisants d'appréciation..... En ce qui touche les 603 réclamés ;

» Attendu que cette somme comprend deux parties distinctes, l'une causée par les inspections faites, l'autre par des visites, rapports des médecins, etc. ;

» Qu'en ce qui a trait à la première partie, il n'y a pas lieu de l'allouer, les frais d'inspection devant rester à la charge de l'Administration, l'article 45 de l'arrêté du 28 décembre 1860 faisant un devoir à ses employés de procéder à ces inspections ;

» Qu'en ce qui a trait à la deuxième partie, il est certain que les visites, rapports, etc., ont été causés par les faits ci-dessus relevés et que dès lors les 252 francs doivent être supportés par VITALO frères ;

Par ces motifs :

» Donne acte à l'appelant de ce qu'il a déclaré abandonner la partie de sa demande relative à *Amourdon*, aujourd'hui décédée, informe le Jugement dont est appel, condamne les frères Auguste et Élie VITALO à payer conjointement et solidairement à titre de dommages-intérêts à 1° *Coopoo* 4,000 fr. ; 2° *Sookdaya* 2,000 fr. ; 3° *Avyramy*, 2,000 fr. ; 4° *Boodney*, 1,500 fr. ; 5° *Maroupin*, 1,000 fr. ; 6° et *Ramassamy*, 1,500 fr. — réduit à 252 fr. le chiffre de la somme de 603 fr. réclamée par le Syndicat de l'immigration ; condamne les frères VITALO à payer conjointement, et solidairement les 252 fr.... dont s'agit déboute les parties du surplus de leurs fins, moyens et conclusions ; ordonne la restitution de l'amende, condamne les intimés en tous les dépens tant de première instance que d'appel. »

Nous avons cru devoir placer ces deux décisions l'une à la

suite de l'autre afin que le public puisse les comparer et les apprécier.

Nous ferons seulement remarquer qu'il est fort commode, quand on juge en fait et en dernier ressort, qu'on n'a pas à craindre la censure d'un tribunal supérieur, de rendre des arrêts en tenant pour établi, sans justifier son opinion, ce qu'il s'agit précisément d'établir.

Le premier juge, quand il a une question à résoudre, ne la tranche pas cavalièrement de son autorité privée ; il la tourne, la retourne, l'examine sous toutes ses faces, et il ne se décide à adopter une opinion que lorsqu'il a déduit les motifs sur lesquels il l'appuie.

La Cour a moins de srupules, elle pratique la maxime *« sic volo, sic jubeo »*, elle a eu soin d'écarter et de passer sous silence tout ce qui la gênait, et posant comme constant et avéré le fait principal qui était en litige, c'est-à-dire la responsabilité des frères VITALO, dont il fallait avant tout fournir la preuve irrécusable, elle s'est lancée, pour détourner l'attention, dans des discussions de droit qui étaient complétement oiseuses.

Mais ce n'est pas tout : même en nous plaçant dans l'hypothèse acceptée par l'arrêt, il est certain que c'est à tort qu'il s'appuie sur les art. 1146 et suivants du Code ; ces articles n'ont que faire dans la circonstance. Quoi qu'en dise la Cour, pour être passible de dommages-intérêts pour inexécution des conventions, il faut avoir été mis en demeure. Cette formalité est indispensable pour donner ouverture à une action judiciaire, à moins toutefois qu'on en soit dispensé par une clause formelle du contrat, ce qui n'existe pas.

On ne saurait donc invoquer tout au plus que les art. 1382 et 1383, mais à la condition de justifier que le dommage a été réellement causé par celui auquel on réclame réparation. Or, cette justification est encore à faire. L'inexécution de la convention, fût-elle admise, devient un incident accessoire qui ne peut exercer aucune influence sur la solution de la question. D'après l'arrêt, il importerait peu que les immigrants se trouvassent malades avant d'avoir été transférés soit par des propriétaires précédents, soit par l'Administration. En vérité, cette théorie est singulière!

Comment? l'Administration qui est chargée du recrutement des immigrants et qui ne doit mettre à la disposition des habitants que des travailleurs sains et valides, leur livrerait des hommes invalides, qui portent en eux des germes d'affections incurables, et les engagistes seraient responsables des désordres qui surviendraient par suite de la constitution mal-saine ou des affections primitives de leurs engagés? Mais ce serait le renversement de tous les principes.

A ce compte les médecins qui prennent un malade au début de sa maladie et qui ne parviennent pas à le guérir, devraient être actionnés, pour négligence ou incapacité, en dommages-intérêts. Est-ce que tous les jours nous ne voyons pas la Faculté obligée, après de nombreux mois de soins et de pansements assidus et intelligents, d'en arriver aux opérations avec des Indiens qui sont entrés à l'hôpital ou au camp pour de petites plaies ou des ulcères insignifiants en apparence, qui se sont trouvés en temps utile entre les mains des hommes de l'art, et qui cependant n'ont pu être guéris, soit parce qu'ils ont le sang profondément altéré et vicié, soit parce qu'en dépit de la surveillance dont ils sont l'objet, ils trouvent moyen d'entretenir leurs plaies et même de les aggraver pour être dispensés du travail?

Il est inutile d'insister plus longtemps sur cette délicate matière. L'arrêt dit que sur les treize immigrants envoyés à l'hôpital en septembre et en octobre il en est mort sept. Ce fait est inexact : il en est mort deux seulement;

L'arrêt ajoute qu'il n'y a pas lieu de s'arrêter à l'argument tiré du renvoi d'un certain nombre d'immigrants faute de ne pouvoir les placer dans les hôpitaux, ce fait ne s'étant pas présenté à l'occasion des immigrants au nom desquels l'action a été intentée; que tous ont été reçus;

Nouvelle et plus flagrante inexactitude! Oui, sans doute,

ils ont tous été reçus les 29 septembre et 1er octobre, personne ne le conteste ; mais ce sont ces mêmes individus qui, quelques jours auparavant avaient été expédiés à Cayenne pour être admis à l'hôpital et que l'Administration n'a pas voulu recevoir sous le prétexte qu'il n'y avait pas de place.

Que penser d'une Administration qui nous impose le devoir de faire traiter nos travailleurs dans les hospices de la colonie, qui nous déclare, quand nous les y envoyons, qu'il n'y a pas de place pour les recevoir, et qui nous poursuit pour les avoir gardés chez nous ?

Nous vous laissons, lecteurs, le soin de répondre à cette question.

FIN.

1070. — Paris. — Imprimerie Charles Blot, rue Bleue, 7.